BULLETIN

DU

BIBLIOPHILE

ET DU BIBLIOTHÉCAIRE

REVUE MENSUELLE

PUBLIÉE PAR LÉON TECHENER

AVEC LE CONCOURS

De MM. ÉD. DE BARTHÉLEMY; BAUDRILLART, de l'Institut; JULES BONNASSIES; J. BOULMIER; GUST. BRUNET, de Bordeaux; comte CLÉMENT DE RIS, de la Société des Bibliophiles; CUVILLIER-FLEURY, de l'Académie française; JULES DELPIT; A. DESROUCHES; VICTOR DEVELAY, de la bibliothèque Sainte-Geneviève; baron A. ERNOUF; FERDINAND DENIS, administrateur à la bibliothèque Sainte-Geneviève; Eug. DRAMARD, conseiller à la Cour de Limoges; GEORGES DUPLESSIS, de la Bibliothèque nationale; J. DUKAS; DUPRÉ LASALE, conseiller à la Cour de cassation; ALFRED FRANKLIN, administrateur de la bibliothèque Mazarine; marquis DE GAILLON; J. DE GAULLE; CH. GIRAUD, de l'Institut; LÉONCE JANMART DE BROUILLANT, de la Société des Bibliophiles de Belgique; P. LACROIX (BIBLIOPHILE JACOB), conservateur à la bibliothèque de l'Arsenal; comte DE LONGPÉRIER-GRIMOARD, de la Société des Bibliophiles françois; P. MARGRY; ED. MEAUME; F. MORAND, de Boulogne-sur-Mer; PAULIN PARIS, de l'Institut; LOUIS PARIS; GASTON PARIS, de l'Institut; H. MOULIN, ancien avocat général; baron J. PICHON, président de la Société des Bibliophiles françois; baron DE RUBLE; SCHWAB, de la Bibliothèque Nationale; PH. TAMIZEY DE LARROQUE, correspondant de l'Institut, etc.

CONTENANT DES NOTICES BIBLIOGRAPHIQUES, PHILOLOGIQUES, HISTORIQUES, LITTÉRAIRES

MAI

ON SOUSCRIT A PARIS,

CHEZ LÉON TECHENER, LIBRAIRE

219, RUE SAINT-HONORÉ (AU COIN DE LA RUE D'ALGER)

1888

JOSEPH-LÉON

TECHENER

DÉCÉDÉ

le

23 MAI

MDCCCLXXXVIII

Il vient de mourir, ou plutôt d'achever de mourir, à cinquante-cinq ans, de la cruelle maladie qui depuis deux ans, — deux ans de martyre, — le tenait éloigné du monde, isolé au milieu des siens, et semblait ne lui permettre des réveils intermittents que pour le faire souffrir davantage, par la conscience de son état. Les soins dévoués dont il n'a cessé d'être entouré, depuis la première atteinte du mal jusqu'à sa dernière et mortelle étreinte, ne pouvaient que retarder le fatal dénouement.

En présence de cette tombe prématurément ouverte, les lecteurs de ce recueil, fondé par le père il y a plus d'un demi-siècle et continué par le fils, nous sauront gré de résumer en quelques pages l'existence de cet homme modeste et utile, qui accomplissait avec amour ses devoirs professionnels, et dont l'excès du travail a contribué à abréger les jours.

Joseph-Léon Techener était le seul fils de Jacques-Joseph (1802-73), « du vieux Techener, celui qui fut, pendant plus d'un demi-siècle, le libraire et l'ami de toute une génération de bibliophiles »(1). Il naquit, le 20 juin 1832, au numéro 12 de la place du Louvre, dans la maison dont le rez-de-chaussée et l'entre-sol étaient occupés par les livres de son père. Cet établissement, fondé au mois d'août 1827, jouissait déjà, trois ans après, d'une renommée cosmopolite. Là se réunissait, « sous l'aimable présidence de la mère

(1) S. de Sacy. *Bulletin*, juin 1873.

de Léon », ce petit club littéraire qu'a décrit avec tant de charme Silvestre de Sacy, ce Cénacle de gens du monde, d'écrivains déjà célèbres ou en voie de le devenir, unis par la même passion, et dont l'un des plus modestes comparses était celui qui écrit ces lignes, aujourd'hui l'un des derniers survivants. C'est là que je vis bien souvent, dans les dernières années de sa vie, Charles Nodier avec sa physionomie si spirituelle, si sympathique, bien que légèrement malicieuse. Principal habitué de la maison, il y venait régulièrement tous les jours et à la même heure, après une première station chez le libraire du quai Malaquais, Crozet, beau-frère de Techener et, comme lui, investigateur passionné de livres anciens. Sa mort prématurée mit fin à une concurrence qui ne nuisait pas, tant s'en faut, à la propagation du goût des livres. Parmi les clients les plus assidus de Techener, figuraient l'auteur de l'*Ane Mort*, J. Janin, dont un embonpoint précoce dilatait déjà les traits spirituels, Silvestre de Sacy, Paulin Paris, Leber, Paul Lacroix, Sainte-Beuve, Cousin, dans son costume légendaire de colonel du régiment des Normaliens, Francis Wey, Leroux de Lincy ; Brunet, déjà fameux par son *Manuel du libraire*, et dont je n'oublierai jamais la figure triomphante le jour où il arriva de je ne sais plus quelle vente, rapportant comme dépouilles opimes, un superbe Télémaque de Delaulne (1717), relié par Pasdeloup, qu'il avait disputé et enlevé, sous le feu nourri des enchères, à un concurrent redoutable entre tous ; — l'ancien baron James de Rothschild !!! J'allais oublier Motteley l'elzeviriomane, déjà atteint d'une surdité complète, et qui n'entendait plus que par signes ; Armand Bertin des *Débats*,

que j'aurais dû citer des premiers, et pour le rang
qu'il a occupé dans le monde des bibliophiles, et pour
l'amitié qu'il témoignait à J.-J. Techener, et qu'il
reporta sur son fils ; Armand Cigongne, dont la pré-
cieuse bibliothèque a été achetée en bloc par Mgr. le
duc d'Aumale ; Ambroise-Firmin Didot, autre fervent
bibliophile et des meilleurs amis de la maison ;
Eugène Dutuit, le grand amateur rouennais, l'un de
ces bibliomanes outillés formidablement pour assou-
vir leur passion favorite, de ceux que ses confrères
n'aimaient pas à rencontrer au coin d'un beau livre.
Citons encore deux survivants de ce Cénacle, M. le
comte de Lignerolles et M. Ferdinand Denis ; et l'un
des plus fidèles, mort tout récemment, Cuvillier-
Fleury. Peu de jours avant de le voir pour la première fois chez Techener, je l'avais aperçu dans le
parc de Neuilly, chapitrant deux collégiens ses élèves,
en vestes de casimir noir et pantalons blancs, les
ducs d'Aumale et de Montpensier.

Combien d'autres encore je passe, et des meilleurs,
déjà connus dans cet âge d'or de la bibliophilie, — âge
d'or au figuré, car pas n'était besoin alors de prodi-
guer ce métal pour faire de précieuses conquêtes ; —
comme le marquis de Coislin, cette noble figure de
vrai gentilhomme, souvent accompagné de la belle
marquise de X.. ; — et Boutron Charlard, aussi bibliophile que savant, ce qui n'était pas peu dire ; — et
mon regretté ami Rathery, qui débutait alors dans la
carrière, comme collectionneur de *mazarinades* et
d'autographes ; — et Ch. Giraud, depuis ministre et
membre de l'Institut, jurisconsulte émérite et non
moins bibliomane, qui avait installé des livres dans
son appartement de la rue de la Ferme, jusque dans

l'antichambre et dans tous les *cabinets;* — sans exception.

C'est au milieu de ces amateurs d'élite que le jeune Techener, après de bonnes études dans une pension à Belleville, puis au collège Saint-Louis, devait faire son éducation bibliographique et bibliophilique. Sa vocation ne fut pas un instant douteuse; comme son père, il a vécu pour et par les livres. Il y avait toutefois entre eux, sous ce rapport comme sous plusieurs autres, des différences caractéristiques. Bien qu'il y eût, chez J.-J. Techener, comme l'a bien dit S. de Sacy, « un goût d'artiste qui l'élevait au-dessus du simple marchand », ce n'était pas un libraire savant. Il ne lisait guère, semblable en cela à beaucoup de ses clients. « Ce n'était pas non plus un libraire avare de ses livres; il les montrait volontiers, et s'en défaisait sans peine. » Développé, fortifié par l'instruction, le goût de son fils pour les livres prit de jour en jour un caractère plus profond, plus passionné. Or toute passion sérieuse, même pour des objets inanimés, ne s'en tient pas à des rapports momentanés, fugitifs; elle aspire à une possession prolongée. Aussi Léon Techener, plus artiste que commerçant, fut souvent avare de ses livres, au détriment de ses intérêts. Souvent il n'avait le courage de se défaire d'un beau livre mis en réserve, que quand il en avait trouvé un exemplaire encore plus beau. Parfois même, lorsque les mérites des exemplaires se balançaient, par exemple, quand la grandeur de marges de l'un était compensée chez l'autre par l'avantage d'une illustre provenance ou la supériorité de la reliure, il les gardait tous les deux.

Associé déjà depuis plusieurs années aux affaires

de son père, Léon en prit tout à fait la direction dans des circonstances difficiles, auxquelles Paul Lacroix n'hésita pas à faire allusion dans le discours prononcé quelques années après sur la tombe de J.-J. Techener. Celui-ci « aurait souhaité renouveler la librairie moderne, comme il avait fait revivre l'ancienne; le rôle périlleux d'éditeur l'attirait, le captivait, l'occupait, aux dépens de ses propres intérêts ». Il se fût enrichi à ne vendre que des livres anciens; il s'appauvrit promptement à en publier coup sur coup de nouveaux, d'excellents, mais d'une exécution coûteuse, et d'un placement souvent laborieux. Cette annexion trop précipitée d'ouvrages modernes à sa librairie ancienne l'entraîna dans de grandes dépenses, quand il dut, à peu près vers cette époque, quitter le local exproprié de la place du Louvre, pour celui de la rue de l'Arbre-Sec. Ce dernier, quoique bien plus vaste, fut bientôt insuffisant pour les collections d'ouvrages modernes. Il fallut organiser des annexes dans des quartiers éloignés. « Je crie misère sur un gros tas de blé », écrivait à sa fille Madame de Sévigné; le pauvre Techener, lui, criait misère sur un gros tas de livres. Une autre entreprise, dans laquelle il s'était jeté avec une généreuse imprudence, absorba aussi une notable partie de ses ressources. Nous voulons parler de l'*Alliance des Arts*, exposition permanente et agence pour le placement direct d'ouvrages de peinture et de sculpture; idée excellente, qui a été reprise de nos jours avec un succès éclatant, mais alors prématurée. Ce fut un échec complet, désastreux.

Techener « dut donc s'arrêter dans cette voie, où les amateurs qui l'avaient toujours suivi n'étaient

plus assez nombreux pour le soutenir d'une manière
efficace. » Peut-être même eût-il retrouvé un meilleur
emploi de son activité infatigable, épargné bien des
soucis à ses enfants, à sa pauvre femme qui mourut
à la peine (1861), s'il se fût arrêté plus tôt. Compromis, découragé, il dut céder la direction de sa maison à son fils, au moment où le péril était le plus
grand. Il fallut liquider la situation ; Léon déploya
dans cette tâche une habileté, une loyauté qui lui
valurent tout d'abord la sympathie générale, de
solides et précieuses amitiés. La situation était grave,
mais non désespérée. Il y avait à faire rentrer un
arriéré considérable provenant de sommes pour
achats de livres de fonds, avances d'articles acquis
dans les ventes, mémoires de relieurs, etc. — Il fallait aussi tirer parti sans retard de l'immense réserve
de livres accumulés depuis des années. Léon pour-
vut à tout ; en peu de temps, il rédigea le catalogue
de ces livres et les divisa en quatorze collections. Par
une dernière fatalité, l'une de ces collections, en-
voyée à Londres pour être vendue à l'*Auction*, et
dont on espérait tirer au moins 200 mille francs,
périt tout entière dans l'incendie de la grande librairie Leigh Sotheby, Wilkinson et Hodges. Ce fut sous
l'impression de cette catastrophe que J.-J. Techener
se sentit vaincu, et prit définitivement sa retraite.
Son fils, demeuré seul sur la brèche, ne perdit pas
courage. Les ventes faites en France donnèrent des
résultats satisfaisants ; l'une d'elles notamment, composée exclusivement de belles reliures anciennes,
produisit plus de 200 mille francs ; elle rapporterait
plus du triple aujourd'hui. Un succès mérité cou-
ronna les courageux et loyaux efforts du nouveau

chef de la librairie Techener. L'ancienne réputation
de la maison fut maintenue, son crédit restauré, et
son ancien chef, exonéré de tout embarras par la sol·
licitude et le dévouement de son fils, aurait pu jouir
dans ses dernières années d'un repos que la maladie
ne lui laissa pas longtemps.

Dans la rédaction des nombreux catalogues de son
père, et dans celle de son *Répertoire universel* de
bibliographie, et de la *Bibliothèque Champenoise*,
Léon Techener a fait preuve d'une aptitude hors
ligne pour les travaux de ce genre. Toutefois absorbé
par d'autres occupations, notamment par les conseils
que réclamait de lui sa nombreuse clientèle, les com·
missions qu'elle lui confiait dans les ventes les plus
importantes, en France et en Angleterre, il n'en a
dirigé lui-même qu'un petit nombre. Les principales
dont les catalogues méritent d'être signalés sont
celles des bibliothèques : de Danyau, le célèbre chi-
rurgien accoucheur (1871), où figurait notamment
la collection la plus complète qui eût été formée
jusque-là, de livres relatifs à l'obstétrique, formant
à elle seule plus de 2,000 numéros; — de deux
hommes éminents, précieux amis et soutiens de sa
jeunesse, dont il ne pouvait décliner le mandat,
S. de Sacy et Paulin Paris (1879); — celle enfin
de l'énorme bibliothèque du baron Taylor, qui
fut à elle seule l'objet de trois ventes. Taylor, qui ne
peut être classé parmi les bibliophiles, mais qui a
rendu aux arts et aux lettres des services de tout
genre pendant sa longue et active carrière, avait été
mis en rapport avec la maison Techener par son
ancien ami Nodier, son collaborateur dans la rédaction du *Voyage pittoresque dans l'ancienne France*.

1888.   17.

Il fallait bien du dévouement et de l'abnégation pour entreprendre de débrouiller ce chaos, ce formidable amas de livres accumulés, tassés dans un désordre qui n'était pas le moins du monde un effet de l'art, et qu'avaient encore compliqué plusieurs déménagements successifs. L. Techener s'en tira à son honneur, et acquit en bloc, pour son compte, les livres relatifs à l'art dramatique, formant la collection la plus complète d'ouvrages de cette spécialité qu'on eût vue depuis la célèbre bibliothèque Soleinne. Pour plusieurs motifs, qu'il est inutile d'indiquer ici, cette lourde tâche, qui l'absorba presque exclusivement pendant plusieurs mois, lui valut plus de désagréments que de profits.

Il faut encore citer, parmi les travaux de ce genre, le classement de la belle bibliothèque du château de Mouchy. Comme Mgr le duc d'Aumale, comme le second baron J. de Rothschild et bien d'autres, M. le duc de Mouchy comptait parmi les membres les plus éminents d'une nouvelle génération de bibliophiles, clients de la maison Techener (1).

(1) Parmi ces clients, tant anciens que nouveaux, nous citerons encore : A. Thiers, dont nous retrouvons une longue lettre autographe contenant une commande de nombreux volumes, et annonçant le renvoi de quelques articles, notamment des Mémoires de Barnevelt « qu'il ne veut pas, parce qu'ils contiennent un roman »; — le comte de Béhague; — le comte L. Le Hon, qui, en mai 1873, envoyait d'assez nombreuses commissions pour la vente Guizot; — le marquis de Noailles, l'académicien récemment décédé; — Baudrier, ancien président de chambre à la Cour de Lyon, jurisconsulte et bibliophile émérite; — le marquis de Morante, bibliophile espagnol *di primo cartello*, dont nous retrouvons une lettre curieuse du 1er mars 1860, adressée de Madrid à M. J. Techener et « à son cher fils ». Il leur accusait réception d'un récent envoi, et ajoutait : « Je ne sais pas pourquoi vous vous plaignez de ce que je ne vous écris pas (plus souvent)... Je vous ai déjà dit mille fois que j'ai trop de livres, que je ne sais plus où les mettre. Voilà mon motif, mais ce n'est nullement parce que vous êtes tombé en disgrâce près moi. Bien au contraire, je vous

Ayant remis, ou plutôt mis pour la première fois dans un ordre parfait les affaires de la maison, Léon Techener put reprendre sans inconvénient, avec avantage même dans une certaine mesure, la tâche d'éditeur à laquelle il s'était déjà essayé du temps de son père. Pour donner une juste idée de l'importance des services qu'il a rendus, pendant plus d'un quart de siècle, aux beaux-arts, aux lettres, et en particulier aux bibliophiles et aux bibliographes, il est nécessaire de rappeler au moins sommairement les ouvrages de divers genres qu'il a publiés pendant cette période, et dont plusieurs avaient déjà vu le jour de 1861 à 1865, c'est-à-dire avant l'époque où il prit définitivement la direction de l'établissement paternel.

Nous signalerons, en première ligne, trois œuvres monumentales, qui ont puissamment contribué à établir la réputation de Jules Jacquemart, l'un des plus habiles aqua-fortistes de ce siècle, dont Léon Techener était l'admirateur enthousiaste et l'ami dévoué. Ce sont :

1° L'*Histoire de la porcelaine*, parue dès 1862. C'est, comme on sait, un magnifique volume in-folio, imprimé par Perrin, le célèbre typographe lyonnais, texte par Jacquemart père et E. Le Blant, avec 29 planches de J. Jacquemart. Cet ouvrage est le plus exact et le plus complet qui existe aujourd'hui sur ce sujet ;

2° L'*Histoire de la Bibliophilie*, in-fol. avec de nombreuses planches de J. Jacquemart.

3° Les *Mémoires de lord Herbert de Cherbury*,

estime comme toujours, et vous désire une bonne santé et une grande augmentation de fortune »; souhait qui, à cette époque, n'était nullement en voie de se réaliser.

publiés par le comte de Baillon (1866), avec 10 eaux-
fortes de Jacquemart ;

4° La collection grand in-folio des *Gemmes* et
joyaux de la couronne, texte par M. Barbet de Jouy,
avec 60 planches par J. Jacquemart, dont plusieurs
sont de véritables chefs-d'œuvre. Il mourut prématurément, en 1880, peu de temps après avoir terminé ce
mémorable travail, et Léon Techener fit preuve d'une
sollicitude vraiment fraternelle pour la mémoire de
cet habile artiste.

Nous citerons ensuite :

Les derniers volumes de la *Bibliothèque spirituelle*
de M. de Sacy, collection remarquable à plus d'un
titre, par le choix excellent des ouvrages, les préfaces
et notes de l'illustre académicien, et la beauté de
l'impression. Les volumes complémentaires publiés
par L. Techener sont : les *Sermons* choisis de
Bossuet, Bourdaloue et Massillon ; le *Traité de la
connaissance de Dieu et de soi-même,* et les *Éléva-
tions à Dieu,* de Bossuet ; l'*Éducation des Filles,* par
Fénélon ; les *Lettres* de S. François de Sales, et les
Pensées de Bourdaloue ;

L'excellente édition des *Réflexions* sur la miséri-
corde de Dieu, avec les notes et l'Étude biographique
de Pierre Clément ; livre digne, sous tous les rapports,
d'être réuni à la collection de Sacy ;

L'édition, par de Sacy, des *Lettres* de Madame de
Sévigné, en 11 vol. pet. in-8 (1862-1864), avec por-
traits, fleurons et entêtes gravés par Jacquemart ;
charmante édition, faite non pour être consultée,
mais pour être lue, et la mieux appropriée à cette
destination ;

Les *Historiettes* de Tallemant des Réaux, éditions

in-8 et in-12, annotées par Paulin Paris et de Monmerqué. On connaît l'importance de cet ouvrage, l'une des plus heureuses découvertes faites de nos jours, pour l'histoire intime de la première moitié du xviie siècle. Ces éditions sont les seules qui contiennent le texte complet des *Historiettes,* avec les passages supprimés dans celle de 1834, le tout rétabli et revu d'après le manuscrit original, appartenant à Mgr le duc d'Aumale.

La suite des travaux de Paulin Paris (1), dont J.-J. Techener avait déjà édité, outre la *Chanson d'Antioche* et *Garin le Loherain,* deux œuvres considérables et justement estimées : les *Manuscrits français de la Bibliothèque du Roi,* répertoire d'un haut intérêt littéraire, et la réimpression annotée des *Grandes Chroniques de France,* ouvrage indispensable à tous ceux qui s'occupent de notre histoire nationale. C'est directement à Léon Techener qu'on doit la publication de tous les travaux ultérieurs de ce savant et excellent homme ; — la transcription annotée en nouveau langage des *Aventures de maître Renart,* celle des *Romans de la Table Ronde,* en 5 vol. avec figures d'après les anciens manuscrits, entreprise considérable et coûteuse, faite non par spéculation, mais par amour de l'art et dévouement personnel ; les *Poésies* de

---

(1) A l'occasion de la mort de ce savant et aimable écrivain (février 1881), Feuillet de Conches écrivait à Léon Techener : « Nous avons perdu un bien bon ami, un homme éminent qui faisait honneur à la littérature. En le sachant si près de sa fin, je n'ai pu m'empêcher de penser à vous ! Vous avez eu l'art d'en tirer un bon parti pour le public. » La correspondance de Paulin Paris avec L. Techener prouve combien leurs relations étaient intimes et cordiales. L'une de ses dernières lettres, du 31 décembre 1879, commençait ainsi : « Je vous remercie bien, mon cher Léon, de vos vœux qui viennent du cœur, comme ceux que je forme pour vous, pour les vôtres, et pour la prospérité de votre bonne maison. »

Saint-Pavin, les *Etudes* sur le règne de François Ier (œuvre posthume), qui complètent et rectifient sur bien des points les récits des historiens, etc.

C'est aussi Léon Techener qui a édité les œuvres et opuscules du prince Augustin Galitzin, notamment les *Lettres inédites* de Henri IV, recueillies par l'illustre savant russe et qui sont aujourd'hui à la bibliothèque de l'Institut, et les documents contemporains sur le faux Démétrius ; le *Discours merveilleux et véritable de la conqueste,* et le *Récit de la fin effrayante et tragique* de cet imposteur (1).

Nous sommes loin d'avoir épuisé la nomenclature des publications faites par Léon Techener, d'ouvrages intéressants pour l'archéologie, la littérature, l'histoire, la curiosité, mais dont plusieurs, d'une exécution dispendieuse et d'un placement difficile, exigeaient de l'éditeur un désintéressement, un dévouement bien rares chez les éditeurs de tous les pays. Telle est, par exemple, la monographie et le recueil de pièces relatives à la châtellenie de Chenonceau, en trois volumes, par l'abbé Chevalier, travail d'une sérieuse importance historique, où l'on trouve une description détaillée de ce château célèbre, l'histoire des transformations successives qu'il a subies et de ses possesseurs depuis Louis XII jusqu'à Catherine de Médicis, avec les documents originaux à l'appui. Mentionnons

---

(1) Était-ce bien un imposteur ? On sait que Mérimée, dans son livre sur les *faux Démétrius,* a fait un grand usage de ces deux pièces, d'un intérêt capital, et des autres documents russes recueillis par le prince Galitzin, et non traduits. Or, après avoir tout examiné, tout compulsé, recueilli tous les arguments officiels tendant à prouver l'imposture, le prince Galitzin dit un jour à Mérimée qu'après tout, en définitive, le faux Démétrius pouvait bien être le vrai. Je tiens ce détail de Mérimée lui-même.

encore la première partie (seule parue) de l'*Armorial de Champagne*, de d'Hozier, les cinq premiers volumes de la collection des pièces fugitives relatives à l'histoire de France, réimpressions annotées d'après des originaux rarissimes ou même uniques ; les *Mémoires* de La Salle, ceux du marquis de Chouppes et du baron de Gleichen, dignes d'être joints à toutes les collections de Mémoires sur l'histoire de France ; l'*Histoire anecdotique* de la jeunesse de Mazarin, par C. Moreau ; *Mademoiselle de Scudéry*, sa vie, sa correspondance, etc., par Rathery et Boutron ; les *Œuvres mêlées* de Saint-Evremond, avec des notes et l'histoire de la vie et des œuvres de l'auteur, par Ch. Giraud, de l'Institut, publication d'une sérieuse importance pour l'histoire littéraire et philosophique du xviiie siècle ; *La Partie de chasse*, par Hercule Strozzi, poème dédié à la *divine* Lucrèce Borgia, publication curieuse tirée à petit nombre ; une nouvelle édition annotée de l'excellent traité de Tissot sur la santé des gens de lettres ; les *Souvenirs d'un homme de lettres*, par Jal ; la savante monographie des éditions des Provinciales, par Basse (1878), indispensable à tous les futurs éditeurs de Pascal ; la *Vie de la princesse de Condé*, par Asselineau, écrivain d'une sérieuse valeur, dont la mort prématurée priva L. Techener d'un précieux auxiliaire et d'un ami ; celle de Madame de Lafayette par sa fille, ouvrage qui a obtenu un grand et légitime succès ; le *Prêtre marié*, du comte de Poligny, avec introduction par Ch. Nodier, intéressant à comparer avec le même sujet traité par Barbey d'Aurevilly ; enfin deux ouvrages importants, relatifs à une époque lugubre et toute récente : les rapports du marquis de la Rochethulon et de Martial Delpit, sur l'insurrection du 18 mars 1871, etc.

Les trois dernières publications dirigées par Léon Techener ne sont pas les moins intéressantes. Ce sont : les deux volumes déjà cités de Paulin Paris sur le règne de François Ier ; les *Poésies inédites* de Catherine de Médicis, et l'*Histoire* de Louise de Lorraine, femme de Henri III, pour M. le comte de Baillon.

Parmi les services rendus aux bibliophiles, aux bibliographes, aux belles-lettres, par Léon Techener, nous ne saurions omettre la continuation du *Bulletin du Bibliophile*, bien qu'il nous appartienne moins qu'à tout autre de vanter ce Recueil. Le prospectus de cette continuation, rédigé par Léon Techener, mérite d'être cité ici presque en entier : « Ces archives de la bibliographie contemporaine, disait-il, offrent aux hommes studieux et aux esprits découvreurs, que leur position tient éloignés du centre d'émission et de publicité, un moyen sûr de conserver la mémoire de curieuses anecdotes historiques et littéraires. Elles ont fourni aux bibliothécaires l'occasion de relever, par des descriptions pleines d'intérêt, l'éclat des collections confiées à leurs soins ; aux bibliophiles et aux libraires, une espèce d'exposition périodique où viennent s'étaler, sous les yeux de l'Europe savante, les trésors enfouis dans leurs cabinets ou leurs magasins. Toutes les notices relatives à la philologie, à la littérature, à l'histoire, à la bibliographie, ou qui peuvent intéresser l'histoire des livres, y sont admises,... sous la seule condition de se renfermer dans des bornes assez restreintes pour ne pas nuire à la variété du recueil. La longue carrière parcourue par le *Bulletin* est due, nous sommes heureux de le constater, à l'honorable et persistante bienveillance des souscripteurs, ainsi qu'au concours empressé des hommes studieux de la France et de l'étranger... Nous espérons que cette bienveillance ne nous fera jamais défaut, car nous chercherons toujours, par des améliorations successives, à mériter l'approbation du public d'élite auquel nous nous adressons, et à conserver les sentiments affectueux de nos souscripteurs.

« Léon TECHENER. »

La mort a fait de terribles brèches dans la liste imposante des collaborateurs de cette seconde série du *Bulletin,* dont un grand nombre avaient fait également partie de la première. Nous avons vu disparaître, parmi les membres de l'Académie et de l'Institut : Silvestre de Sacy, qui écrivait en 1873 : « J'aimais le père Techener qui n'est plus ; j'aime le fils, je l'aimerai toujours. Léon est mon libraire ; bien plus, il est mon ami ! » ; — Cuvillier-Fleury, Janin, Sainte-Beuve, Paulin Paris, Pierre Clément, A.-F. Didot, Ch. Giraud. Parmi nos autres collaborateurs décédés dans cette période, nous citerons Asselineau, l'un des plus assidus et des plus méritants, mort en 1874 ; le comte Clément de Ris ; Le Roux de Lincy (1877) ; Rathery, Paul Lacroix, Ph. Chasles, Meaume, Moulin ; et hier encore, Ed. de Barthélemy, investigateur aussi intelligent qu'infatigable, auquel le *Bulletin* a dû, dans ces dernières années, de nombreuses et intéressantes communications.

Le nom illustre du fondateur du *Bulletin,* de Charles Nodier, mort dès 1844, avait depuis longtemps disparu de la couverture de ce recueil, mais

on peut dire qu'il n'avait pas cessé d'en être l'âme,
grâce aux soins pieux de Léon Techener, qui avait
voué un véritable culte à la mémoire de cet homme
éminent, comme écrivain et comme bibliophile. Il
recherchait avec un soin jaloux et s'empressait de
reproduire tous les morceaux épars, préfaces, articles
de journaux, etc., dus à la plume de Nodier et non
recueillis dans ses œuvres. Je fus assez heureux pour
pouvoir lui en signaler quelques-uns, comme la transcription de la *Lune de miel* de John Tobin, plutôt
supérieure à l'original ; l'article de l'*Amateur de
livres* dans les *Français* de Curmer, où le type gravé
de l'amateur est le portrait de Nodier lui-même ; et
l'article du *Livre des Cent et un,* récit humoristique
des derniers moments d'un bibliomane, frappé d'apo-
plexie en découvrant qu'un exemplaire de je ne sais
plus quel Elzévir est d'un *tiers de ligne* (!) plus grand
que le sien. Le mourant a un dernier souvenir pour
le magasin de la place du Louvre, pour « le libraire
actif et ingénieux, dont l'enseigne a fait longtemps
palpiter son cœur ».

Léon avait au plus haut degré cette religion des
souvenirs. Peu de temps avant le premier accès de la
maladie qui devait l'emporter dans la force de l'âge,
il me montrait avec une vive satisfaction une jolie
gravure sur bois qu'il venait de découvrir dans une
publication romantique de 1830. Elle représentait
avec une grande exactitude une de ces soirées de l'Arsenal, célèbres dans le monde littéraire de cette
époque, et décrites dans les *Souvenirs* d'Amaury
Duval, le dernier survivant (il y a deux ans) des ha-
bitués de ce modeste salon, où figuraient parmi les
danseurs Victor Hugo, Lamartine, Musset et *tutti*

quanti. On reconnaissait parfaitement Nodier assis, au premier plan, dans son attitude favorite.

Fidèle à sa promesse, Léon Techener a introduit dans cette seconde série du *Bulletin* d'importantes améliorations. Il y fit notamment un peu plus de place aux productions de la littérature contemporaine rentrant, par leur sujet, dans le cadre de ce recueil, ou dignes de l'attention des bibliophiles par des qualités exceptionnelles. Ces dernières, par malheur, ne sont pas communes ! L'un des promoteurs principaux de ce progrès fut le regrettable Asselineau, par des Revues bibliographiques très remarquables, mais auxquelles mit bientôt fin sa mort prématurée. D'autre part, les vides trop nombreux faits dans nos rangs par la mort ont été comblés par de nouveaux collaborateurs, parmi lesquels nous citerons MM. Gaston Paris, de l'Institut, digne fils de son père ; G. Duplessis, conservateur des estampes à la Bibliothèque Nationale, et fils de l'un des vétérans de la première série ; P. Tamizey de Larroque, membre correspondant de l'Institut; le marquis de Granges de Surgères, et bien d'autres.

Enfin, Léon Techener a fait ses preuves comme bibliographe par deux ouvrages considérables, qui suffiraient pour préserver de l'oubli sa mémoire. Le premier est son « Répertoire universel de Bibliographie, ou Catalogue général, méthodique et raisonné de livres rares et curieux », fruit de recherches immenses, et classé désormais au premier rang parmi les travaux de ce genre ; l'autre, plus remarquable encore, et qu'il eut à peine le temps de terminer, sa *Bibliothèque champenoise,* catalogue raisonné de livres, d'opuscules, de documents inédits ou imprimés, de chartes, d'autographes, de cartes et d'estampes, relatifs à l'ancienne province de Champagne. Ce livre est divisé en deux parties, comprenant : l'une, « l'Essai d'une Bibliothèque entièrement composée de livres relatifs à la Champagne et à la Brie » ; la seconde, « les ouvrages composés par des auteurs champenois ou concernant des Champenois célèbres, classés par ordre alphabétique des noms de personnes. » Cette seconde partie surtout contient des notes et analyses d'un sérieux intérêt. L. Techener était du petit nombre des bibliographes qui ne s'en tiennent pas seulement aux indications de dates et de titre, qui ont non seulement vu, mais lu, et très attentivement, les livres dont il parlent.

La préface de ce volume est du commencement de 1886. C'est une des dernières pages qu'il ait écrites, et l'une des meilleures. « Mon projet, dit-il, n'était pas de donner une *Bibliographie champenoise* semblable à certains travaux du même genre, exécutés à la hâte, à l'aide de documents transcrits sans contrôle. J'ai voulu commencer par réunir les *livres eux-mêmes*, les décrire *de visu*, en joignant à chaque article des renseignements puisés aux sources les plus sûres. Le présent Catalogue a été rédigé, conformément à cette méthode, d'après une collection que je travaille à former depuis plus de vingt ans, lui consacrant tout le temps que je pouvais dérober aux soins de ma librairie. Aussi cette œuvre est encore loin de la perfection à laquelle j'espérais la porter un jour. Telle qu'elle est pourtant, j'ai pensé qu'elle pouvait être de quelque utilité, de quelque intérêt. C'est une réunion de matériaux pour servir à l'érection d'un monument digne du nom de *Bibliographie champe-*

noise... Ce travail n'a pas été conçu dans un but
de spéculation. C'est, si j'ose le dire, une inspiration
de patriotisme local, un hommage à la petite patrie
champenoise, berceau de ma famille, que j'affectionne
sans en aimer moins la grande patrie française. J'es-
père aussi que cette publication offrira quelque intérêt
aux bibliophiles dont les suffrages m'ont toujours été si
précieux. Ils me sauront gré, j'en suis sûr, de dédier
cet essai de bibliographie champenoise à la mémoire
de mon père, originaire de cette province. »

Il avait, en conséquence, recommandé de placer
en tête de ce volume les deux notices nécrologiques
de Silvestre de Sacy et de Paul Lacroix, les amis de
son père et les siens. Il y fit joindre quelques extraits
d'un article écrit à la même époque (juin 1873), par
Mgr. Fèvre, protonotaire apostolique, auteur de l'*Histoire apologétique de la papauté*, et de celle de
Saint Camille de Lellis. On y remarque ce passage,
qui peut s'appliquer aussi bien au fils qu'au père :
« Quant il voulut joindre, à la vente des livres anciens, les fonctions d'éditeur, on alla aux meilleurs
livres. » La dernière pensée de Léon Techener, au
seuil d'une mort anticipée, a donc été une pensée
de piété filiale.

Il avait la mémoire des faits, des noms, des dates,
et aussi la mémoire du cœur. Tous ses clients se rap-
pellent la profonde affliction qu'il avait montrée, quelques années auparavant, à la mort de son premier
commis, l'ancien libraire Garnot, homme d'ailleurs bien
digne de regret, nous dirions volontiers de respect. Ce
vieillard d'une probité antique, après avoir sacrifié
jusqu'à son dernier sou pour faire honneur à ses en-
gagements, travaillait encore, presque nonagénaire,

avec une ardeur juvénile, et ne se reposa que dans la mort !

Marié, depuis 1866, à une femme digne de lui, père d'une fille unique, dont la physionomie rappelle aux vieux amis de la famille celle de son aïeule, jouissant de la confiance, de l'amitié d'une clientèle d'élite, Léon Téchener semblait avoir devant lui de longs jours de bonheur, quand cette riante perspective s'assombrit, s'évanouit soudain. Une perte grave, mais nullement irréparable, comme on l'a bien vu depuis, — produisit un effet terrible sur son organisation fatiguée par un travail excessif. Il crut que le fruit de vingt ans de travaux et de bonne administration était compromis, que les anciens embarras allaient renaître ! L'émotion qu'il en ressentit détermina la série d'accidents qui allait transformer le reste de son existence en une longue agonie.

C'était un homme modeste, intelligent, instruit, un homme de cœur, dont le souvenir vivra dans le petit monde d'élite des bibliophiles.

B. E.

Le résumé que nous venons de donner de la vie de Léon Techener peut paraître ainsi achevé — vie modeste et toute de travail. Cependant, pour nous, il est encore une existence intime que nous aimerions à révéler si nous ne craignions de raviver de trop cuisants et de trop récents chagrins, nous voulons parler de la vie privée du cher ami qui n'est plus.

D'une exquise délicatesse de sentiments, il sut se faire apprécier et aimer dans le cercle intime de sa famille et de ses amis.

Les qualités de son cœur se sont manifestées pendant toute sa vie dans le commerce charmant qu'il avait su créer et entretenir autour de son foyer.

Sa femme et sa chère enfant étaient sa constante préoccupation, comme aussi tout son bonheur était cette vie d'affection qu'il retrouvait dans son intérieur après ses longues journées de travail.

Puisse Madame Techener, puisse sa fille trouver quelques consolations à leur légitime douleur dans les marques de sympathie, dans le tribut de sincères regrets venus de tous ceux qui ont connu et aimé Léon Techener.